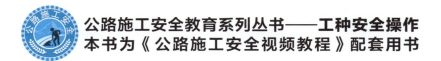

公路施工安全教育系列丛书——工种安全操作
本书为《公路施工安全视频教程》配套用书

个人劳动防护及工程临边防护

广 东 省 交 通 运 输 厅　组织编写
广东省南粤交通投资建设有限公司
中 铁 隧 道 局 集 团 有 限 公 司　主　　编

人民交通出版社股份有限公司
China Communications Press Co.,Ltd.

内容提要

本书是《公路施工安全教育系列丛书——工种安全操作》中的一本，是《公路施工安全视频教程》（第五册　工种安全操作）的配套用书。本书主要介绍个人劳动防护及临边防护的相关内容，包括：基本知识，个人劳动防护，工程临边防护三个部分。

本书可供施工一线作业人员使用，也可作为相关人员安全学习的参考资料。

图书在版编目（CIP）数据

个人劳动防护及工程临边防护 / 广东省交通运输厅组织编写；广东省南粤交通投资建设有限公司，中铁隧道局集团有限公司主编. — 北京：人民交通出版社股份有限公司，2018.12

ISBN 978-7-114-15047-0

Ⅰ. ①个… Ⅱ. ①广… ②广… ③中… Ⅲ. ①道路施工—安全防护 Ⅳ. ①U415.12

中国版本图书馆 CIP 数据核字（2018）第 226026 号

Geren Laodong Fanghu ji Gongcheng Linbian Fanghu

书　　　名：	个人劳动防护及工程临边防护
著　作　者：	广东省交通运输厅组织编写
	广东省南粤交通投资建设有限公司　中铁隧道局集团有限公司主编
责任编辑：	韩亚楠　郭红蕊
责任校对：	宿秀英
责任印制：	张　凯
出版发行：	人民交通出版社股份有限公司
地　　址：	(100011) 北京市朝阳区安定门外馆斜街 3 号
网　　址：	http://www.ccpress.com.cn
销售电话：	(010)59757973
总 经 销：	人民交通出版社股份有限公司发行部
经　　销：	各地新华书店
印　　刷：	中国电影出版社印刷厂
开　　本：	880×1230　1/32
印　　张：	2
字　　数：	54 千
版　　次：	2018 年 12 月　第 1 版
印　　次：	2021 年 11 月　第 3 次印刷
书　　号：	ISBN 978-7-114-15047-0
定　　价：	15.00 元

（有印刷、装订质量问题的图书由本公司负责调换）

编委会名单
EDITORIAL BOARD

《公路施工安全教育系列丛书——工种安全操作》编审委员会

主 任 委 员：黄成造

副主任委员：潘明亮

委　　　员：张家慧　陈子建　韩占波　覃辉鹃

　　　　　　　王立军　李　磊　刘爱新　贺小明

　　　　　　　高　翔

《个人劳动防护及工程临边防护》编写人员

编　　写：李　萍　赵志伟　熊祚兵

校　　核：王立军　刘爱新

版面设计：李慧敏　高文多

致工友们的一封信 LETTER

亲爱的工友：

　　你们好！

　　为了祖国的交通基础设施建设，你们离开温馨的家园，甚至不远千里来到施工现场，用自己的智慧和汗水将一条条道路、一座座桥梁、一处处隧道从设计蓝图变成了实体工程。你们通过辛勤劳动为祖国修路架桥，为交通强国、民族复兴做出了自己的贡献，同时也用双手为自己创造了美好的生活。在此，衷心感谢你们！

　　交通建设行业是国家基础性和先导性行业，也是安全生产的高危行业。由于安全意识不够、安全知识不足、防护措施不到位和违章操作等原因，安全事故仍时有发生，令人非常痛心！从事工程施工一线建设，你们的安全牵动着家人的心，牵动着广大交通人的心，更牵动着党中央及各级党委、政府的心。为让工友们增强安全意识，提高安全技能，规范安全操作，降低安全风险，保证生产安全，我们组织开发制作了以动画和视频为主要展现形式的《公路施工安全视频教程》(第五册　工种安全操作)，并同步编写了配套的《公路施工安全教育系列丛书——工种安全操作》口袋书。全套视频教程和配套用书梳理、提炼了工种操作与安全生产相关的核心知识和现场安全操作要点，易学易懂，使工友们能知原理、会工艺、懂操作，在工作中做到保护好自己和他人不受伤害。

　　请工友们珍爱生命，安全生产；祝福你们身体健康，工作愉快，家庭幸福！

广东省交通运输厅

二〇一八年十月

目录 CONTENTS

1 基本知识 …………………………………………… 1
2 个人劳动防护 ……………………………………… 4
3 工程临边防护 ……………………………………… 43

1 PART 基础知识

个人防护和工程临边防护是一种辅助性预防措施,能防止或减少工伤事故的发生和预防职业病等。个人防护装备是保护劳动者免受伤害的第一道防线也是最后一道防线。

使用者必须了解个人防护用品的使用限制、正确的使用方法、正确的佩戴方法及必要的保养方法。

个人防护用品主要有以下几种：

▶ 个人劳动 防护及工程临边防护 ▶

工程临边防护主要有：

桥面临边防护

高墩施工临边防护

人工挖孔桩施工临边防护

泥浆池临边防护

完善个人防护用品及工程临边防护，能防止或减少以下事故及预防职业病的发生：

高处坠落

触电

物体打击

机械伤害

中毒、窒息

淹溺

2 PART 个人劳动防护

在施工过程中,作业人员应根据自身所处环境及作业内容正确佩戴劳动防护用品。

高处作业:必须确保作业平台临边防护安全;作业人员正确佩戴安全带,以防高处坠落。

水上作业:必须确保作业平台周边临边防护安全;作业人员应穿救生衣,以防淹溺。

有限空间作业:必须确保作业空间通风良好,有害气体不超标;作业人员应穿防护服、佩戴防毒面具,以防中毒、窒息等。

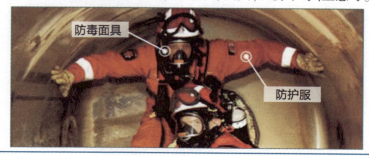

粉尘环境作业：必须确保作业人员正确佩戴防护口罩，禁止穿化纤类衣物，以防粉尘爆炸及职业病。

焊接作业：必须确保作业人员正确佩戴防护面罩，戴绝缘手套、穿绝缘鞋，且不得违章操作，以防触电事故及职业病。

振动作业：必须确保作业人员正确佩戴安全帽、防振保暖手套，保证设备管路不凌乱，以防振动病（职业病）。

▶▶ 个人劳动 防护及工程临边防护 ▶

2.1 劳动防护用品的定义

劳动防护用品是指由生产经营单位为从业人员配备的、使其在劳动过程中免遭或者减轻事故伤害及职业病危害的个体防护装备。

2.2 劳动防护用品的分类

劳动防护用品分为**特种劳动防护用品**和**一般劳动防护用品**。

按照防护部位又可分为：
头部防护用品、呼吸防护用品、眼面部防护用品、听力防护用品、手部防护用品、足部防护用品、躯干防护用品、坠落防护用品。

（1）头部防护用品。

玻璃钢安全帽

高层建筑施工及寒冷地区施工

PC安全帽

建筑施工、带电作业

ABS材质安全帽

机械等冲击强度高的室内常温场所

PE安全帽

建筑、冶金、石油等冲击强度较低的室内作业

PP安全帽

药品及有机溶剂作业

安全帽类：保护头部，防止头部受到物体坠落、碎屑飞溅、磕碰、撞击、穿刺、挤压等伤害。

PART 2 / 个人劳动防护

（2）**呼吸防护用品**：预防尘肺和职业病的重要防护用品。

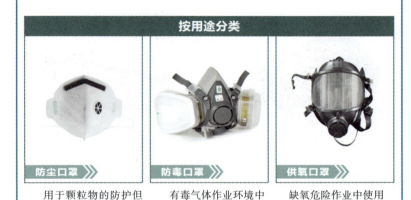

按用途分类

防尘口罩：用于颗粒物的防护但不适合挥发性颗粒物防护

防毒口罩：有毒气体作业环境中使用

供氧口罩：缺氧危险作业中使用

按作用原理分类

过滤式口罩

隔绝式口罩

（3）**眼面部防护用品**：用以保护作业人员的眼睛、面部，防止外来伤害。

焊接面罩

防紫外线护目镜

防强光护目镜

防冲击护目镜

防红外线护目镜

防激光护目镜

(4) **听力防护用品**：长期在 90dB(A) 以上或短时在 115 dB(A) 以上环境中工作时应使用听力护具。

耳塞

高温、高湿的环境中,耳塞的舒适度优于耳罩

耳罩

一般狭窄有限空间里,宜选择体积小、无突出结构的听力防护用品

帽盔

短周期重复的噪声暴露环境中,宜选择佩戴摘取方便的耳罩或半入耳式耳塞

(5)**手部防护用品**：用于手部保护。

防静电手套

接触火工材料、可燃性气体、易挥发易燃的液体及化学品作业

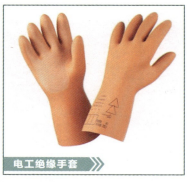

电工绝缘手套

高、低压电路或设备带电维修

防振手套

钻孔作业、破除作业

耐酸碱手套

酸洗作业

电焊手套

电弧焊、气焊

(6) **足部防护用品**：用于保护足部免受伤害。

防砸防穿刺鞋

存在物体坠落、撞击的作业，接触锋利器具的作业、地下作业

绝缘鞋

在电气设备上或低压带电作业

防静电鞋

易燃易爆场所作业、可燃性粉尘场所作业

防寒鞋

低温作业、野外作业

（7）**躯干防护用品**：用于保护作业人员免受劳动环境中的物理、化学因素的伤害。防护服分为特殊防护服（如：焊接防护服、防静电服、防酸碱服等）和一般防护服两类。

用于焊接及相关作业场所可能遭受熔融金属飞溅及其热伤害的作业人员用防护服

焊接防护服

防止静电电荷积聚，用于瓦斯隧道作业等场作

防静电服

用于危险性化学品或腐蚀性物品的作业场所，如油罐清洗作业

防酸碱服

(8)**坠落防护用品**:用于防止坠落事故发生。

在高度2m及以上的作业场所使用,必须高挂低用

在限定距离内快速制动锁定坠落物体

在工作平面高于基准面3m及以上时使用

▶▶ 个人劳动 防护及工程临边防护 ▶

2.3 劳动防护用品的检查验收

（1）防护用品入库发放前，须经本单位安全生产管理部门、物资管理部门进行检查验收。

（2）检查内容：防护用品名称、规格、型号、生产厂家、生产日期、合格证、使用说明书及外观质量等。

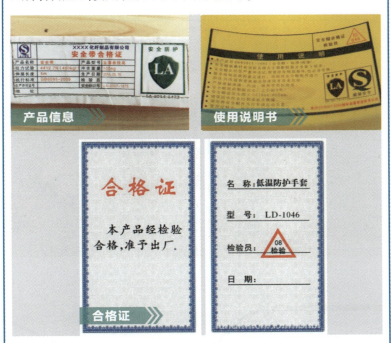

（3）特种劳动防护用品还应检查生产许可证、合格证、安全鉴定证、LA 标志。

▶▶ 个人劳动 防护及工程临边防护 ▶

2.4 劳动防护用品使用要求

2.4.1 安全帽

安全帽的作用是防止头部受到物体打击、碰撞和触电。

物体打击

碰撞

触电

常见的安全帽一般为红、白、蓝、黄四种颜色。红色一般为外来检查指导领导佩戴,白色一般为甲方或监理佩戴,蓝色一般为现场管理人员佩戴,黄色一般为现场作业人员佩戴。

(1)进入作业现场所有人员均应正确佩戴安全帽。

(2)安全帽佩戴前,应将帽后调整带按头形调整到合适位置,然后将帽内弹性带系牢。

缓冲衬垫的松紧由带子调节,人的头顶和帽体内顶部的空间垂直距离应控制在25～50mm,一般不应小于32mm

(3)安全帽不得歪戴、反戴,下颌带必须扣在颌下,并系牢,松紧适度。

歪戴

反戴

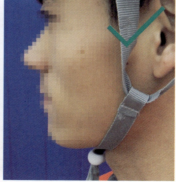

（4）安全帽应保持整洁,禁止搁置在火源周边或在阳光下暴晒,不应涂刷油漆、有泥污等。

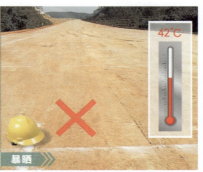

·安全帽完好整洁·

个人劳动 防护及工程临边防护

（5）安全帽应在有效期内使用，每年进行一次定期检查，发现异常现象不得佩戴。

玻璃钢（维纶钢）橡胶帽

塑料帽

纸胶帽

玻璃钢（维纶钢）橡胶帽有效期不超过三年半

塑料帽不超过两年半

纸胶帽不超过两年半

检查安全帽

帽后调整带缺失　　不得佩戴　　裂纹

2.4.2 防护口罩

防护口罩的作用是防止粉尘及有毒有害气体对施工人员造成伤害。

(1)隧道开挖、出渣、喷射混凝土、沥青路面施工、人工挖孔桩、模板打磨等粉尘较大及可能存在有毒有害气体场所的作业人员应佩戴防护口罩。

隧道开挖

隧道出渣

喷射混凝土

沥青路面施工

人工挖孔桩

模板打磨

（2）扣带扣至耳郭后，将鼻孔和嘴包裹在口罩内。

（3）班前应根据所使用的口罩类型按要求更换滤芯或过滤材料。

2.4.3　防护镜

防护镜的作用是防止强光辐射、物质飞溅对作业人员眼部及面部造成伤害。

(1)电焊作业人员必须配备焊接防护面罩,气割作业人员应配备焊接防护眼镜。

焊接防护面罩

焊接防护眼镜

（2）金属切割，混凝土及岩石打凿、注浆等作业人员必须佩戴护目镜。

(3)防灰尘、烟雾、轻微毒性或刺激性较弱的有毒气体的防护镜必须密封(两边无通风孔,与面目接触严密,镜架应耐酸、耐碱)。

2.4.4 防护手套

防护手套的作用是保护作业人员手部免受触电、烫伤、冻伤、割伤、划伤及腐蚀等伤害。

触电

烫伤

冻伤

割伤

划伤

腐蚀

（1）电工、电焊工及手持电动工具等作业人员应佩戴绝缘防护手套。

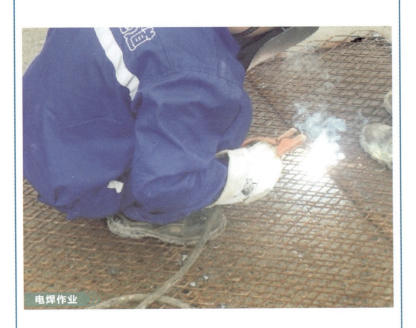
电焊作业

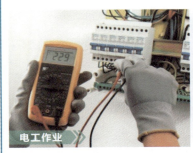
电工作业

手持电动工具作业

(2)混凝土、注浆、油漆、沥青等作业人员应佩戴耐酸、碱防护手套。

混凝土

注浆

油漆

沥青作业

(3)气割、冷冻法隧道施工等作业人员应佩戴耐高温或耐低温手套。

耐高温手套　气割作业

耐低温手套　冷冻法隧道施工

2.4.5 防护鞋

防护鞋的作用是防水、防潮、防腐蚀、防触电、防砸、防刺、防滑等。

防水、防潮

防腐蚀

防触电

防砸

防刺

防滑

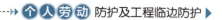个人劳动防护及工程临边防护

（1）电工、电焊工及用电设备操作人员应穿着绝缘鞋。

电工　　电焊工

用电设备操作人员

（2）高处作业人员应穿防滑鞋。

高处作业人员

(3)钢筋加工及绑扎安装作业人员应穿着防砸或防刺鞋。

钢筋加工

钢筋绑扎

2.4.6 防护服

防护服的作用是防止作业人员的身体和四肢直接接触有毒有害介质、物质造成伤害，或避免产生静电造成事故。

（1）瓦斯隧道、油库、炸药库、爆破作业点的人员必须穿防静电的棉质工作服。严禁穿化纤、毛料等易产生静电的工作服。

（2）电焊、气割等作业人员应穿着帆布材质的阻燃防护服。

（3）水下作业人员必须穿着潜水服。

潜水服按潜水方式分为轻装潜水服和重装潜水服两种，是为防止潜水时体温散失过快。

（4）危化品作业人员应穿耐酸碱服。

2.4.7 安全带

安全带的作用是防止高处作业人员坠落,或发生坠落后将作业人员安全悬挂。

安全带类型有全身式安全带、双肩式安全带等。

(1)2m 及以上的高处作业人员,必须正确系挂安全带。

（2）安全带应可靠地挂在牢固的地方，高挂低用，避免明火和刺割。

（3）安全带严禁擅自接长使用，使用3m及以上的长绳时必须增加缓冲器。

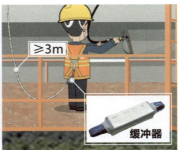

(4)安全带有效期一般为3～5年,应经常进行外观检查,发现异常时,应立即更换或报废。

使用2年应抽检一次

安全带外观检查

经常外观检查,发现断股、磨损、挂钩脱落、挂钩防护损坏等,应立即更换或报废

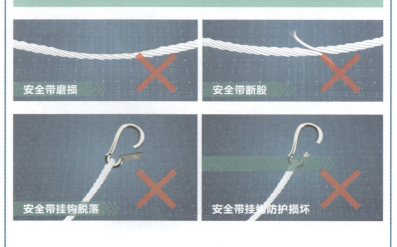

安全带磨损

安全带断股

安全带挂钩脱落

安全带挂钩防护损坏

2.4.8 救生衣

救生衣的作用是作业人员意外落水时产生足够的浮力,防止淹溺。

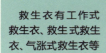
救生衣有工作式救生衣、救生式救生衣、气涨式救生衣等

(1)水中桥、沉管隧道等水上作业人员必须穿戴救生衣。

(2)岩溶及富水隧道、斜井、竖井应配备救生衣等应急救援物资。

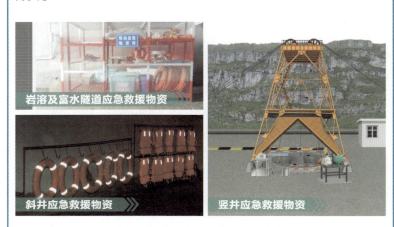

(3)救生衣穿着前,应检查浮力袋、领门带、腰带等是否完好。

(4)救生衣穿着时,把腰带分别从左右侧绕身一周,在胸前用力收紧、系牢。

2.4.9 反光背心

反光背心的作用是在夜晚、不良天气或照明不良场所下,便于作业人员及时被发现,防止造成车辆或机械伤害。

夜晚

雨雪、大雾

照明不良场所

夜晚

夜晚、不良天气、照明不良等情况下,作业人员未穿反光背心可能造成伤害

个人劳动 防护及工程临边防护

　　隧道及地下工程施工、夜间及雨雾天气、路口交通指挥人员等应穿戴反光背心。

路口交通指挥

隧道及地下工程施工

夜间及雨雾天气

PART 3 / 工程临边防护

3 PART 工程临边防护

临边防护是指设置在基面高 2m 的临边,避免作业人员发生高处坠落事故伤害的防护设施。

43

3.1 一般规定

(1)临边作业必须设置栏杆。防护栏下方有人员及车辆通行或作业的,应挂密目安全网封闭,防护栏杆下部应设置高度不小于0.18m的挡脚板。

(2)防护栏杆应由上下两道横杆组成,上杆离地高度应为1.2m,下杆离地高度应为0.6m;横杆长度大于2m时,应加设拉杆柱。防护栏应能承受1kN以上的水平推力。

(3)使用的钢管应进行防锈处理,并涂刷安全色。

安全色:
黄黑或红白相间,间距为300mm。

(4)高处作业场所的临边、孔、洞应在明显位置设置安全警示标志牌。

3.2 桥面临边防护要求

(1)桥面施工前,在梁两侧应设置防护栏杆,并挂设安全网。

(2)防护栏杆的横杆及立柱宜采用 $\phi 48$ 的管材,扣件连接或焊接;横杆搭接时,接头应错开。

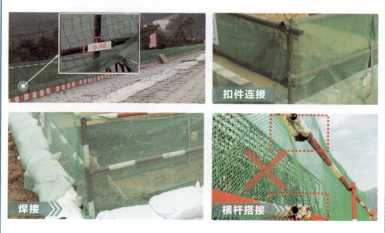

3.3 高墩防护要求

（1）高墩施工中高处作业时，应设置操作平台，其净宽不低于80cm，必须设置供人员上下的爬梯。

≥80cm

上下爬梯（封闭）

(2)5m以下的墩台及现浇梁施工,可采用带防护栏杆的斜步梯;5~40m时,宜设置"之"字形梯笼;40m以上宜安装附着式施工电梯。

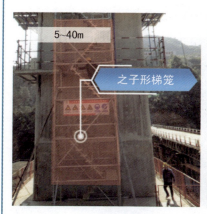

（3）爬梯、脚手架、工作平台应搭设牢固，不得与模板及其支撑体系连接。

爬梯

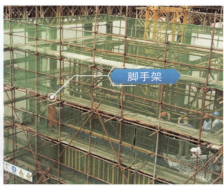

脚手架

工作平台

3.4 洞口防护要求

3.4.1 预留孔洞防护

短边小于 50cm 的洞口,应进行有效覆盖,并采取固定措施;短边 50～150cm 的洞口,还应设置钢管搭设的临边防护栏杆。

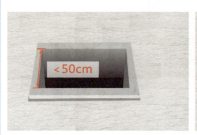

采用结实的竹板、木板、钢板覆盖

短边50~150cm的洞口,还应设置钢管搭设的临边防护栏杆,设置警示标牌

边长或直径在150cm以上的洞口,四周除了设置防护栏杆外,洞口下还必须设安全平网,设置警示标牌

3.4.2 桩孔口安全防护

(1) 人工挖孔桩孔口应设置锁口圈,高度应高于地表30cm以上,孔口周边1.0m范围内进行环形硬化。

(2) 人工挖孔桩、钻孔桩孔口及泥浆池四周均应搭设防护围栏,挂设安全警示标志。

个人劳动 防护及工程临边防护

（3）停止作业时，孔口应加盖板或钢筋网遮罩，夜间加强照明。

孔口盖板

孔口钢筋网

3.5 深基坑防护要求

深度超过 2m 的基坑施工，必须设置防护栏杆，栏杆离基坑边缘距离应大于 0.5m，并挂设安全警示标志。

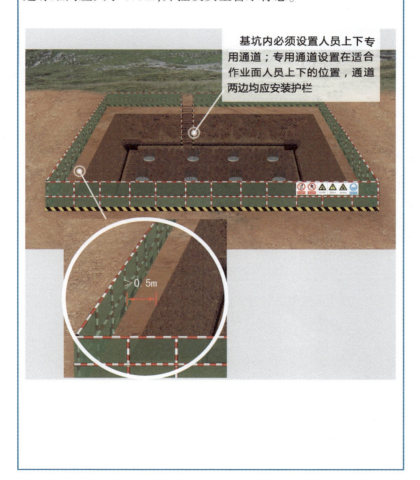

基坑内必须设置人员上下专用通道；专用通道设置在适合作业面人员上下的位置，通道两边均应安装护栏

个人劳动防护及工程临边防护安全口诀

防护用品种类多　产品质量要合格
使用佩戴须规范　工种环境相结合
三宝四口五临边　防护措施做齐全
个人临边无隐患　安全生产笑开颜